NIETZSCHE

100 MINUTOS
para entender
NIETZSCHE

2ª edição

Copyright © 2022 Astral Cultural
Todos os direitos reservados à Astral Cultural e protegidos
pela Lei 9.610, de 19.2.1998. É proibida a reprodução total ou parcial sem
a expressa anuência da editora.

Editora Natália Ortega
Produção editorial Esther Ferreira, Jaqueline Lopes, Renan Oliveira, Roberta Lourenço e Tâmizi Ribeiro
Revisão João Rodrigues
Capa Agência MOV

Dados Internacionais de Catalogação na Publicação (CIP)
Angélica Ilacqua CRB-8/7057

C655	Coleção saberes : 100 minutos para entender Nietzsche. — 2. ed. — Bauru, SP : Astral Cultural, 2022. 144 p. (Coleção Saberes) Bibliografia ISBN 978-65-5566-272-6 1. Nietzsche, Friedrich Wilhelm, 1844-1900 2. Filosofia
22-4534	CDD 100

Índices para catálogo sistemáticos:
1. Filósofos

BAURU
Rua Joaquim Anacleto
Bueno 1-42
Jardim Contorno
CEP: 17047-281
Telefone: (14) 3879-3877

SÃO PAULO
Rua Augusta, 101
Sala 1812, 18° andar
Consolação
CEP: 01305-000
Telefone: (11) 3048-2900

E-mail: contato@astralcultural.com.br

SUMÁRIO

Apresentação	7
Biografia	11
Contexto histórico	27
O pensamento de Nietzsche	57
Legado	103
Controvérsias e aprofundamento	121

APRESENTAÇÃO

Nunca antes se produziu tanta informação como na atualidade. Nossos dados estão armazenados em redes sociais, órgãos governamentais e corporações privadas, e se espalham de forma acelerada. Basta procurar um termo na internet para conhecer detalhes da vida ou do trabalho de um político, filósofo, artista, historiador ou cientista. Essa facilidade vem transformando a assimilação dessas informações em uma prática trivial, já que elas estão apenas a um clique ou uma pesquisa de voz.

Mas nem sempre esse conteúdo virtual está alinhado, objetivo ou coerente. E isso confirma que acessar informações é diferente de adquirir conhecimentos. Por isso, a Coleção Saberes chega com esse propósito: apresentar ideias e teorias de uma forma organizada, sintetizada e dinâmica. Em aproximadamente 100 minutos, é possível desvendar a mente de um filósofo ou cientista e se familiarizar com suas contribuições para o desenvolvimento cultural e social da humanidade.

Nesta edição, apresentamos Friedrich Nietzsche, um dos mais importantes filósofos do mundo. De origem alemã, Nietzsche foi quem promoveu um desmonte da história do pensamento ocidental ao questionar os conceitos de natureza humana, Deus e ética. Para muitos pesquisadores, ele é considerado um pensador que não pertence somente à filosofia, já que sua crítica se dirige a tudo o que é estabelecido, como religião, arte, política e instituições em geral. Nas próximas páginas, conheça as ideias desse filósofo impetuoso e descubra por que ele defendia que o homem fosse superado e se transformasse, enfim, num super-homem.

1

BIOGRAFIA

Friedrich Nietzsche nasceu em 15 de outubro de 1844 em Röcken, na Prússia – território onde hoje é a Alemanha. Ele teve origem em uma família com forte tradição religiosa: seu pai, tios e avós eram ministros luteranos.

Na infância, Nietzsche perdeu o pai e também um irmão mais novo. Assim, cresceu apenas ao lado de mulheres: mãe, irmã, avó e duas tias. Coube à mãe a tarefa de instruí-lo nos princípios rígidos da religião cristã. Ela o incentivava a se tornar pastor para a tradição familiar perdurar, uma possibilidade que o interessava no começo da adolescência.

Aluno brilhante no período escolar e devorador de livros, Nietzsche revelava interesse por assuntos variados: de teologia a botânica; de latim a geologia; de poesia a astronomia; de música a filologia, que é o estudo de uma língua por meio de fontes históricas escritas, como linguística, história e literatura.

Graças ao seu excelente desempenho escolar, Nietzsche foi convidado para lecionar na Universidade da Basileia, na suíça. O ano era 1869, ele tinha apenas 24 anos quando começou a dar aulas de filologia, que tinha como foco de estudo a análise de documentos antigos ligados a uma língua ou cultura.

Nessa universidade, ele conheceu o maestro, compositor, diretor de teatro e também ensaísta Richard Wagner, de quem se tornou amigo próximo. Especialistas no trabalho de Nietzsche garantem que essa amizade influenciou fortemente a obra filósofo alemão. Os dois chegaram a romper, alguns anos depois, em função, entre diversos outros motivos, das ideias antissemitas que Wagner nutria, mas que Nietzsche reprovava fortemente.

Experiência na guerra e saúde frágil do filósofo

Em 1870, quando a Prússia entrou em guerra contra a França, Nietzsche se alistou voluntariamente para o combate atuando como enfermeiro. Foi durante esse período que acabou contraindo diversas doenças, como difteria e disenteria, o que o fez se licenciar da universidade suíça.

Estudiosos garantem que esse trabalho voluntário marcou de forma permanente o espírito do filósofo, a quem interessava mais investigar as tradições culturais da sociedade do que se envolver em política.

Em 1871, o filósofo alemão lançou seu primeiro livro, *O nascimento da tragédia*, que contrariou helenistas, ou seja, especialistas no período de expansão da cultura grega.

Nos anos seguintes, prosseguiu na produção de livros e ensaios, alguns não publicados. Também fez conferências e participou de grupos de estudos. Sua saúde apresentou um declínio em 1873: ele sentia dores de cabeça e nos olhos, que o acompanhariam por toda a vida.

Em 1878, publicou um de seus livros mais conhecidos, *Humano, demasiado humano*, em grande parte produzido em forma de aforismos, ou seja, sentenças breves. Há quem diga que os problemas na vista o levaram a optar por esse gênero textual para apresentar seus pensamentos. Os aforismos marcam presença em outras obras do filósofo alemão.

> "Para chegar a ser sábio,
> é preciso querer experimentar
> certas vivências. Mas isso é muito
> perigoso. Mais de um sábio foi
> devorado nessa tentativa."
>
> **Nietzsche**

Decepção no amor

Em 1879, Nietzsche se desligou da Universidade da Basileia e, graças à iniciativa de um amigo influente, conseguiu receber uma pensão, que ele utilizou para viajar, estudar e publicar seus livros.

Em suas viagens pela Suíça, França e Itália, produziu muito e manteve encontros frequentes com intelectuais como ele. Mas seu estado de saúde era delicado, o que o levava, de tempos em tempos, a interromper suas atividades para se tratar.

Em 1882, concluiu um de seus livros mais estudados, *A Gaia Ciência*, em que discute questões ligadas a comportamento, artes e ciência. Foi nesse ano também que conheceu a escritora russa Louise Salomé (1861 – 1937), por quem se apaixonou.

Nietzsche chegou a lhe propor casamento, mas Salomé recusou. Biógrafos do filósofo alemão garantem que ele era misógino (ou seja, desprezava pessoas do sexo feminino) e que isto pode ter sido um fator decisivo para essa desilusão amorosa.

A escritora Louise Salomé foi uma figura bastante influente na Europa do final do século XIX. Além da proximidade com Nietzsche, ela foi namorada do poeta austro-húngaro Rainer Maria Rilke (1875 – 1926) e era amiga do psicanalista Sigmund Freud (1856 – 1939). Ela assinou uma biografia de Nietzsche com o título *Ensaio de uma caracterização de Nietzsche*, lançada em 1894.

O nascimento de Zaratustra

Foi em 1883 que Nietzsche passou a se dedicar ao desenvolvimento de seu livro mais emblemático, *Assim nasceu Zaratustra*. Dividida em quatro partes, a obra demorou dois anos para ser concluída, época em que a saúde do filósofo se deteriorou.

Nesse livro, Nietzsche anunciou a morte de deus e propôs a ideia do super-homem, uma versão do homem avessa a preceitos morais que ele considerava limitantes.

Em 1886, foi a vez de *Além do bem e do mal*, livro que trata de cultura, política e também de antissemitismo, posicionamento que o filósofo condenava. Seu estado de saúde continuava se agravando.

> "Quem se separa da tradição
> é vítima do extraordinário;
> quem permanece na tradição
> é escravo dela. É sempre para a
> própria perda que a gente
> se encaminha nos dois casos."
>
> **Nietzsche**

Nos anos seguintes, Nietzsche dedicou-se à escrita das obras *Crepúsculo dos ídolos*, *O caso Wagner* e, por fim, *O Anticristo*. Na Itália, ele redigiu uma autobiografia que chamou de *Ecce Homo* (em português, *Eis o Homem*).

Nesse período, o filósofo já estava mergulhado em problemas psíquicos e sofria com constantes alucinações. Em janeiro de 1889, aos 45 anos, Nietzsche foi internado em uma clínica psiquiátrica, mas, no ano seguinte, ele foi levado para a casa da mãe, que, a partir daquele momento, passou a ser sua tutora.

A irmã de Nietzsche, Elisabeth, conseguiu assumir a custódia dos escritos do filósofo e passou a gerenciar sua obra – e a lucrar com isso. Entre 1891 e 1900, ela fechou contrato com uma editora e supervisionava as publicações, inclusive em revistas.

Elisabeth alardeava nos meios acadêmicos e editoriais que era a única pessoa autorizada a falar em nome de Nietzsche e a trabalhar suas publicações. Ela ainda conseguiu reunir fragmentos de pensamentos para o lançamento de uma obra póstuma, "vontade de potência", publicada no ano seguinte à morte do filósofo alemão, em 1901, desrespeitando a cronologia do trabalho de seu irmão e eliminando da edição o que ela mesma considerava inoportuno.

Ela, inclusive, chegou a falsificar a destinatária de cartas do filósofo — eram escritas para uma amiga dele, mas Elisabeth expôs como se tivessem sido endereçadas a ela.

Nietzsche faleceu em 25 de agosto de 1900. Ao fim da vida, o filósofo sofria com um forte colapso mental e não estava consciente do que se passava ao seu redor.

Uso indevido

Após a morte do irmão, Elisabeth permitiu que sua obra fosse utilizada pelos nazistas. "Depois do trabalho árduo de construção de uma edição crítica da obra de Nietzsche pelos filósofos italianos Giorgio colli e Mazzino Montinari, a associação de Nietzsche ao nazismo não é mais aceita no âmbito da filosofia acadêmica", reforça o professor de filosofia Sérgio Fernando Maciel Correa, do Instituto Federal

Catarinense. "Esses dois historiadores da filosofia mostraram que o livro *A vontade de potência*, vendido ao nazismo por Elisabeth, no fundo é um compilado de passagens aleatórias recordadas das suas anotações pessoais".

PARA FIXAR NA MEMÓRIA

▶ Friedrich Nietzsche nasceu na Alemanha (na época, Prússia) em 1844;

▶ Seu pai e avós eram pastores luteranos;

▶ Graças a seu desempenho escolar brilhante, foi nomeado professor universitário aos 24 anos;

▶ Na universidade, ele lecionava filologia, que é o estudo de documentos antigos ligados a uma língua ou cultura;

▶ Seus escritos tinham o objetivo de provocar o desmonte da história do pensamento filosófico ocidental;

▶ Seu livro mais conhecido é *Assim falou Zaratustra*, obra que sugere a morte de Deus e dos valores morais, além da necessidade de superação da natureza humana, ideia cristalizada no conceito de "super-homem";

▶ Morreu em 1900 por conta de um colapso mental;

▶ É considerado um dos mais importantes filósofos do mundo.

" 2

CONTEXTO HISTÓRICO

No final do século XIX, o mundo discutia o pensamento político conhecido como liberalismo. Como a revolução industrial do século XVIII havia aumentado significativamente a concentração urbana, a busca pela democracia não era exclusiva da nova classe social burguesa, mas também ansiada pelos próprios operários – grande parte influenciada por ideias socialistas.

Os liberais desejavam que a liberdade representasse um direito a um maior número de pessoas, por meio do cumprimento da legislação e também de garantias jurídicas fornecidas aos cidadãos. Essas propostas eram uma tentativa de estabelecer um princípio de igualdade social e, para isso, defendiam-se a implementação de reformas no sistema eleitoral, liberdade de imprensa e ainda o ensino fundamental gratuito e obrigatório à população.

Uma questão de identidade

Mas, na Alemanha de Nietzsche, outro grande debate dominava o cenário: a questão da identidade nacional. Quando o filósofo nasceu, em 1844, sua terra natal ainda era chamada de Prússia e fazia parte da confederação germânica, que englobava mais de trinta estados, reinos e ducatos, inclusive a Áustria. A unidade política do território só foi alcançada em 1871.

Era um mundo em transformação: havia mais dinheiro circulando, a urbanização crescia e o desejo de igualdade e justiça social ganhava apoiadores. Todos esses acontecimentos estabeleciam um conflito entre valores tradicionais e valores novos, o que pode ter contribuído para a inquietação de Nietzsche.

Ao longo de sua vida profissional (primeiro como professor universitário e filólogo; depois como filósofo e escritor), ele fundou uma mentalidade nova que continua impactando leitores até os dias de hoje.

Contra as ideologias

Algumas ideologias e correntes filosóficas — como o liberalismo, o positivismo e o socialismo — nunca agradaram a Nietzsche. Ele considera esses sistemas engessados porque se baseiam em conjuntos de crenças e valores que, segundo o filósofo, eram ultrapassados.

Quando sugere que novos valores sejam criados, Nietzsche vislumbra uma humanidade nova, restaurada. "O que precisamos é algo mais que humano (...). Um ser genuinamente livre, que escolhe o que é importante e vive como bem entende", sustenta Berry Loewer ao interpretar o pensamento do filósofo alemão. Loewer é professor de Filosofia da Universidade Rutgers, nos Estados Unidos.

Por dentro da unificação alemã

O mundo em transformação vivido por Nietzsche teve como episódio marcante a unificação do território alemão. Esse acontecimento se seguiu à guerra franco-prussiana, que se desenrolou entre os anos de 1870 e 1871.

A guerra franco-prussiana foi um conflito armado estabelecido entre a França e os estados germânicos, liderados pela Prússia. O objetivo do chanceler prussiano Otto Von Bismarck era unificar a Alemanha para, dessa forma, consolidar o poderio econômico dos estados germânicos, o que acabou desagradando a França, que até aquele momento dominava politicamente toda a Europa.

A batalha que decidiu o conflito se sucedeu em 1º de setembro de 1870: as tropas francesas se renderam e o imperador francês Napoleão III foi capturado. A guerra perdida por ele selou o fim do segundo império francês, dando origem à terceira república, que duraria até 1940.

Já a vitória da Alemanha acabou por consagrar esse país como potência econômica e militar no território europeu, o que resultou no chamado Segundo Reich, ou segundo império alemão, então comandado pelo imperador Guilherme I. A guerra entre França e Alemanha acirrou as tensões entre os dois países, que mais tarde acabaram novamente se enfrentando na primeira guerra mundial (1914 – 1918).

Quem influenciou Nietzsche?

A unificação do território alemão e as mudanças radicais que se seguiram a ela ajudaram a construir o pensamento de Nietzsche, mas sua formação acadêmica também exerceu uma influência notória nesse processo.

Por conta de uma necessidade profissional — a atividade docente na área de filologia —, o filósofo alemão precisou se aprofundar na cultura greco-romana. Por isso, era natural que ele se aproximasse de filósofos pré-socráticos, como Heráclito e Empédocles, além, é claro, do trio que moldou a filosofia do Ocidente: Sócrates, Platão e Aristóteles.

Sérgio Fernando Maciel Correa, professor de Filosofia do Instituto Federal Catarinense, cita que Schopenhauer, Maquiavel e Dostoiévski foram outros pensadores que inspiraram o trabalho de

Nietzsche. Dostoiévski (1821 – 1881), um dos principais nomes da literatura russa, introduzia nas suas ficções reflexões sobre a natureza humana, sobretudo a questão da culpa.

A questão da moral

Já Maquiavel, filósofo italiano que viveu no século XV foi quem escreveu sobre o comportamento dos governantes monárquicos. No seu livro *O príncipe*, ele defendia que um monarca estava autorizado a contrariar as regras morais para assegurar sua glória e a estabilidade do estado. É dele a famosa frase: "os fins justificam os meios".

O relativismo da moral abordado por Maquiavel pode ter ajudado Nietzsche a refletir sobre os costumes e também os princípios adotados no Ocidente – e a declarar guerra aos códigos morais.

> "É dos sentidos que vêm
> toda a credibilidade,
> toda a boa consciência,
> toda a evidência
> de verdade."
>
> **Nietzsche**

Como um dos principais focos do pensamento de Nietzsche era a cultura ocidental, as sementes da filosofia plantadas na Grécia despertavam nele um interesse especial. Conheça alguns desses pensadores:

Sócrates

Nascido em Atenas em 469 antes de cristo, ele instituiu o método dialético (ou socrático) na filosofia — técnica aplicada por meio do diálogo, que consiste em o mestre conduzir o aluno a um processo de reflexão de seus próprios valores. Sócrates não deixou escritos, mas seu aluno Platão foi o responsável por difundir suas teorias. Ele proclamava que os conceitos de "bom" e "mau" não são relativos, e sim absolutos. Exaltava a "vida virtuosa", que depende do discernimento entre o bem e o mal.

Platão

O ateniense veio ao mundo por volta de 427 anos antes de Cristo. Foi o aluno mais célebre de Sócrates, de quem registrou as ideias.

O filósofo grego defendia que a existência humana se divide entre mundo verdadeiro (ou mundo das ideias) e mundo aparente (ou mundo dos sentidos). Segundo Platão, o mundo em que vivemos é reflexo do mundo das ideias, que transcende a matéria.

Coleção Saberes

Aristóteles

Também grego, viveu entre 384 e 342 anos antes de Cristo. Estudou na Academia de Platão, de quem acabou refutando as ideias, fundando sua escola filosófica. Estabeleceu que a percepção da realidade se dava por meio dos sentidos. Aristóteles também escreveu e nomeou campos de investigação da realidade. Entre eles estão lógica, física, política, retórica, economia, psicologia etc.

Heráclito

Anterior a Sócrates, esse filósofo grego entendia que o mundo era governado por uma mentalidade divina e que está em constante transformação.

Empédocles

Também anterior a Sócrates, esse pensador endossava que o mundo é constituído de quatro elementos que geram todas as coisas vivas: fogo, terra, ar e água.

> "A alma é imperecível, infindável, infinita, interminável, perpétua, logo imortal."
>
> **Platão**

A ascendência de Schopenhauer

As ideias de Arthur Schopenhauer (1788 — 1860), filósofo nascido em Danzig (hoje, Gdansk, na Polônia), também produziram um impacto gigante na mente do jovem Nietzsche e exerceram influência em sua obra.

Schopenhauer acreditava que nossa visão de mundo é construída a partir de observações e experiências limitadas. Ele concordava com as ideias metafísicas de seu conterrâneo Immanuel Kant (1724 – 1804). Metafísica significa a aceitação de uma totalidade cósmica, uma consciência superior: Deus ou alma.

"O céu estrelado acima de mim
e a lei moral dentro de mim
enchem minha mente de admiração
e assombro sempre novos
e crescentes, quanto mais e mais
constantemente refletimos sobre eles."

Kant

Para Kant, o mundo se divide em dois: o das nossas percepções (chamado de fenomênico) e o que escapa das nossas experiências sensíveis – (o numênico). A diferença entre eles é que Kant separa esses dois mundos como realidades independentes, já Schopenhauer acredita que essa cisão não existe — trata-se do mesmo mundo, apenas identificado de maneiras distintas.

Nietzsche admite a influência de Arthur Schopenhauer ao adotar um tom elogioso para escrever sobre ele em *Considerações extemporâneas* (1874). Ele destaca que o intelectual se manteve fiel à filosofia e alheio aos modismos de sua época.

Vontade x representação

Para entender melhor a filosofia de Schopenhauer, imagine que você esteja programando uma caminhada pelo seu bairro. O primeiro movimento do seu pé é um ato do mundo fenomênico, dos sentidos, que pode ser observado. Já a intenção de caminhar pertence ao mundo numênico, que é experimentado interiormente. A intenção de caminhar, portanto, precede o ato de caminhar.

Para Kant, essas realidades eram dissociadas. Para Schopenhauer, não: é a mesma realidade, porém interpretada de duas formas. Ele chamou isso de vontade (o desejo de caminhar) e representação (o primeiro passo).

> "A vida é tão curta, questionável e evanescente que não merece qualquer tipo de esforço maior."
> **Arthur Schopenhauer**

De aprendiz a crítico

Os conceitos de "vontade" e "representação", instituídos por Schopenhauer, aparecem destrinchados no livro *O mundo como vontade e represen-*

tação, publicado em 1819. Essa é a obra que levou Nietzsche a se interessar pela filosofia (antes, ele se dedicava mais à filologia).

Mas o rompimento não tarda: ao lançar, em 1879, *Humano, demasiado humano*, Nietzsche refuta as ideias de Schopenhauer por considerá-lo pessimista e atrelado a cargas morais.

De fato, Schopenhauer era um pessimista declarado. Embora reconhecesse o mundo numênico de Kant, ele considerava a vontade desprovida de razão e propósitos. Por isso, para ele a existência não teria sentido e o único consolo seria a contemplação estética por meio da música, além de um distanciamento da vida concreta, de modo que tanto a dor quanto o sofrimento pudessem ser evitados.

Os estudiosos do trabalho de Schopenhauer estabelecem um vínculo existente entre suas ideias e correntes filosóficas da Ásia. Schopenhauer realmente tinha um apreço especial pela sabedoria asiática, sobretudo as tradições oriundas do budismo. Essa religião ensina que a eliminação do desejo é uma possível saída contra a possibilidade do sofrimento, o que combina com a visão de Schopenhauer, para quem a vontade deve ser aniquilada, já que ela é insaciável e destituída de significado.

"No homem há matéria, fragmento, excedente, argila, lodo, insensatez, caos. Mas no homem há também criador, formador, dureza de martelo, divindade de espectador e sétimo dia."

Nietzsche

Esse desligamento do mundo material é um dos alvos principais das críticas de Nietzsche, que insiste na entrega plena às experiências mundanas, já que a metafísica, para ele, é um mito.

O papel do iluminismo

Outro conjunto de ideias que contribuiu para que Nietzsche pudesse construir seu pensamento filosófico foi o iluminismo. Esse movimento intelectual se espalhou pela Europa no século XVIII, que ficou conhecido como "século das luzes".

Os estudiosos avaliam o iluminismo como um período decisivo para a história cultural do Ocidente, responsável por determinar as formas como lidamos com a cultura, a política, as relações humanas e também com as instituições em geral.

Mas é importante ressaltar que o iluminismo não passou ileso pelo crivo inflexível de Nietzsche. Em seus escritos, ele criticou a virtude da verdade apoiada pelos iluministas e o uso excessivo da razão, que acaba disciplinando excessivamente o pensamento humano.

"O sucesso sempre foi um grande mentiroso."

Nietzsche

Quatro pilares do iluminismo
1. Pensamento autônomo
Como o homem é livre para fazer suas escolhas, dispensa o comando de uma autoridade externa, seja religiosa ou política. Por ter pleno domínio da razão, altera sua realidade e a reor-

ganiza. É dono de uma consciência individual e pode se valer de igualdade jurídica que lhe garanta liberdade.

2. Importância da ciência

Uma vez que a revolução industrial ampliou o acesso à ciência, as técnicas em desenvolvimento são fontes de altas expectativas, pois podem possibilitar ao homem que domine a natureza. Esse homem tem convicção de que a razão é a ferramenta que pode aproximá-lo do progresso material.

3. Escalada do saber

Todos os homens são capazes de aprender: o acesso ao conhecimento não deve se pautar por hierarquias. Por meio da ciência ou da filosofia, é possível adquirir pensamento autônomo e combater a ignorância.

4. Fim das crenças irracionais

A mentalidade laica (que independe de religiões) domina no iluminismo. Como a razão é soberana, a submissão a autoridades religiosas perde espaço.

Principais nomes do iluminismo

Voltaire (1694 – 1778)

Filósofo francês, ele contestou o conceito absoluto de certeza. Acreditava que só a matemática e a lógica podiam se valer de verdades imutáveis. Ao que se costumava chamar de "fato", rebatizou para "hipótese".

Sustentava que as pessoas não traziam ideias inatas, mas recebiam influências do meio social e cultural. Foi autor da frase: "A dúvida não é uma condição agradável, mas a certeza é absurda".

Rousseau (1712 – 1778)

A principal área de interesse do teórico francês Jean-Jacques Rousseau era a filosofia política. Para ele, as pessoas nasciam boas e solidárias, mas acabavam sendo corrompidas pelas pressões da sociedade. O filósofo ressaltava a necessidade da prática social da liberdade, igualdade e fraternidade, princípios que legitimaram a revolução francesa em 1789. Uma de suas frases mais célebres é: "O homem nasce livre, e por toda a parte se encontra acorrentado".

Montesquieu (1689 – 1755)

Foi pioneiro na defesa da distribuição dos poderes constituídos do estado. Filósofo francês, Montesquieu dizia que esses poderes deveriam ser autônomos e formados por pessoas diferentes para inibir os abusos e as injustiças.

É dele a seguinte frase (que mesmo com os anos não perdeu o sentido no mundo contemporâneo): "Para que não se possa abusar do poder, é preciso que, pela disposição das coisas, o poder freie o poder".

Kant (1724 – 1804)

Precursor do idealismo alemão e um dos principais representantes da corrente, o alemão Immanuel Kant considerava que o conhecimento humano provinha de duas fontes. Para o teórico, essas fontes eram o mundo empírico — dos sentidos ou fenomênico — e o mundo exterior às nossas mentes (que Kant denominava de "a priori" ou numênico).

É da autoria de Kant a frase "a razão humana é atormentada por questões que não pode rejeitar, mas também não pode resolver".

Do renascimento ao iluminismo

O iluminismo, movimento que foi decisivo para a filosofia do século XIX, inclusive a de Nietzsche, tem pontos em comum com o renascimento. O renascimento, registrado, também na Europa, nos séculos XV e XVI, foi responsável por profundas mudanças em diversas áreas, como as artes, as ciências, a política e a economia.

Os valores da cultura clássica foram absorvidos pelos renascentistas, assim como o uso da razão, a autonomia do pensamento e a crítica às autoridades religiosas.

O uso da razão

Na sequência do renascimento, a história da filosofia foi profundamente marcada pelas transformações do espírito científico fortemente presente no século XVII. Essa época acolheu as teorias do físico e matemático Galileu Galilei (1564 – 1642) e de Francis Bacon (1561 – 1626), considerado o fundador da ciência moderna.

Assim, a valorização da razão constitui-se na pedra fundamental do racionalismo, cujo principal representante da corrente é o filósofo René Descartes (1596 – 1650). Descartes foi quem defendeu que o conhecimento só se constitui a partir da dúvida.

Sob essa perspectiva, o francês estabeleceu um método próprio de verificação, análise, sintetização e enumeração – o chamado método cartesiano.

E na filosofia?

Os teóricos racionalistas se chocam com os empiristas. Isso porque, enquanto os racionalistas valorizam a razão como o principal meio de investigação filosófica, os empiristas não descartam as observações dos sentidos como uma ferramenta para interpretar a realidade. David Hume (1711 – 1776) é considerado o principal nome do empirismo. É dele a frase: "a beleza das coisas existe no espírito de quem as contempla".

PARA FIXAR NA MEMÓRIA

▶ Na Alemanha, a identidade nacional dominava os debates. A confederação germânica, formada por Estados e reinos, só foi unificada em 1871, transformando-se em Alemanha, que se consolidou como uma potência econômica no continente europeu, desbancando a França;

▶ Era um tempo de reflexão sobre valores tradicionais e modernos, e isso pode ter colaborado para despertar o espírito crítico de Nietzsche;

▶ O pensamento de Nietzsche foi influenciado pelo trio que ajudou a moldar a filosofia do

Ocidente: Sócrates, Platão e Aristóteles, entre outros pensadores;

▶ Um desses pensadores foi Arthur Schopenhauer. Mas a influência não durou muito, porque Nietzsche discordou do pessimismo do ex-mestre e do seu afastamento do mundo sensível (dos sentidos);

▶ Embora condenasse aspectos do iluminismo, Nietzsche nunca deixou de reconhecer a importância desse movimento cultural, registrado na Europa do século XVIII;

▶ O iluminismo carregava as seguintes bandeiras: consciência autônoma, valorização da ciência e da razão; busca irrestrita do conhecimento; e esvaziamento de crenças religiosas.

"

3

O PENSAMENTO
DE NIETZSCHE

As dez ideias reunidas neste capítulo sintetizam o pensamento de Nietzsche. Entre elas, a mais debatida até hoje é a teoria do super-homem. Mas o que significa exatamente o super-homem defendido por Nietzsche? Significa uma superação da natureza humana do modo como concebemos e à qual atribuímos sentido.

A ideia que perdura na sociedade ocidental é a de um homem controlado por princípios morais, temente a Deus e inserido nos modelos de organização social e política das instituições vigentes.

Para Nietzsche, porém, esse sistema representa um aprisionamento, e deveria ser contestado, abolido e substituído por uma versão que proporcionasse mais liberdade a cada indivíduo.

O termo "super-homem" aparece no livro mais conhecido de Nietzsche, *Assim falou Zaratustra* (1883-1885). Escrito em quatro partes, esse livro propôs um verdadeiro desmonte da filosofia ocidental.

Ideia 1 – O super-homem

Nietzsche usa o termo super-homem para propor uma nova visão à chamada natureza humana. Ele acredita que o conceito de homem deve ser repensado e, posteriormente, superado por meio do questionamento de valores, como Deus, humanidade e ética, ou seja, o conjunto de regras de conduta adotadas por uma sociedade.

Ele afirma que o super-homem pode experimentar a vida com mais intensidade e ainda duvidar dos ensinamentos morais recebidos ao longo de sua formação. O super-homem seria o responsável pela construção de seus propósitos pessoais, sem quaisquer interferências da família ou tampouco pressões sociais.

Esse homem que se supera enaltece a criatividade, o rigor intelectual e a profundidade de cada experiência vivida. Para usar uma expressão atual, o super-homem é quem sai da sua "zona de conforto" para correr riscos e saborear a alegria de suas vivências e descobertas.

Quem anuncia o super-homem na obra de Nietzsche é Zaratustra[1], nome do personagem do livro de sua autoria, *Assim falou Zaratustra*. Ele é um profeta que se isola nas montanhas por muitos anos até resolver viver novamente em

---

1   O nome Zaratustra é uma designação alternativa do profeta persa Zoroastro, que nasceu 600 anos antes de Cristo e fundou uma religião com limites claros entre o bem e o mal.

sociedade. Junto aos homens, recomenda que eles duvidem dos princípios morais e jamais deixem de questionar.

Deturpação pelos nazistas

Trinta anos após a morte do filósofo (1900), o termo super-homem foi inadvertidamente empregado pelo ideário nazista. Como controlava seu legado literário, a irmã de Nietzsche, Elisabeth, foi quem forçou essa aproximação com a ideologia nazista do ditador alemão Adolf Hitler (1889-1945), de quem era relativamente próxima (ele esteve presente no funeral dela, que recebeu honras militares).

O Terceiro Reich, como é conhecida a Alemanha nazista, distorceu o sentido do termo super-homem para legitimar a soberania da raça germânica e, em certa medida, justificar a violência de seus métodos. Mas, em sua obra, Nietzsche critica o totalitarismo. Chegou a declarar que "o Estado tem medo da filosofia" e que "apenas onde o Estado termina, começa o ser humano que não é supérfluo". Depois da segunda guerra mundial (1939-1945), essa deturpação foi corrigida; e o nome de Nietzsche, reabilitado.

"O homem é uma corda estendida
entre o animal e o super-homem:
uma corda sobre um abismo."

Nietzsche

Ideia 2 – "Deus está morto"

Quando escreveu que "Deus está morto", Nietzsche não quis criticar diretamente os religiosos que acreditam num ser superior nem os filósofos que consideram possível a sobrevivência do espírito ou uma realidade além do mundo concreto — estudo conhecido como metafísica. Ele está se referindo ao conjunto de valores que a sociedade ocidental aceita e dissemina — conjunto que inclui crenças religiosas, como a fé numa entidade superior, na reencarnação, no paraíso etc.

Nietzsche chama a necessidade de refletir a respeito disso de "revaloração de todos os valores". O que significa isso? Significa que é preciso questionar e contestar os valores que recebemos em casa, na escola e nos demais ambientes sociais ao longo da vida. Para o filósofo, esses valores não objetivam o bem comum, e sim representam uma forma de reprimir as ações humanas. "Das paixões, nascem as opiniões: a preguiça de espírito as faz cristalizar em convicções", afirmou em seu livro *Humano, demasiadamente humano* (1878).

O pensamento de Nietzsche

> O cristianismo valoriza mais a vida espiritual do que a terrena.

> Esse valor cristão faz com que o homem se afaste de suas experiências reais.

> Essa é uma ideia limitadora que precisa ser combatida, já que "Deus está morto".

Crítica ao cristianismo

Embora tenha nascido em uma família cristã, Nietzsche se tornou ateu aos dezoito anos. E, por ser ateu, sustenta que a religião é uma forma de aprisionar a vida.

Assim, quando o cristianismo ensina que a existência do homem na terra é insignificante diante da grandiosidade da esfera espiritual que o aguarda após a morte, recomenda que os prazeres mundanos sejam evitados em nome do desenvolvimento da alma.

Para o filósofo, essa é uma maneira de enfraquecer a autonomia das pessoas e tolher a liberdade delas. Em sua obra, o filósofo alemão ataca a essência do pensamento judaico-cristão, que divide o mundo entre "bons" e "maus".

Religião e Estado

Mas Nietzsche não tacha como opressor apenas o cristianismo. Para ele, o Estado também cumpre o papel de agente repressor da liberdade e da criatividade humanas.

Na visão dele, Estado e religião caminham juntos para fiscalizar as pessoas e impedir que elas se rebelem contra as estruturas de poder. Duvidar dessas estruturas de poder e dos princípios morais poderia dar ao homem uma nova consciência, segundo o filósofo. Para ele, "as convicções são inimigas da verdade — e mais perigosas do que as mentiras".

"Não há amor e bondade suficientes no mundo para que ainda se possa oferecê-los a seres imaginários."

Nietzsche

Ideia 3 – Ética e moral cristã

No momento em que anuncia a urgência de rever valores enraizados para, assim, dar um novo significado à vida, Nietzsche elege três alvos principais: natureza humana, Deus e ética (ou moral). Ele endossa que esses elementos estão intrinsecamente ligados e que é preciso destrinchar cada um para reconhecer o real objetivo deles: domesticar o espírito humano.

Nesse caso, moral seria um instrumento de controle para que as pessoas não criticassem demais as estruturas de poder constituídas, como religião e estado. Quem começa a indagar os preceitos morais e os costumes – e a questionar suas regras – pode experimentar a vida em sua totalidade, sem as amarras dos valores.

O filósofo acredita que os valores de uma sociedade representam uma ameaça à vida. Aqui, o termo vida deve ser entendido como uma oportunidade de experimentar as paixões e dar voz aos instintos, em busca de realização pessoal.

Pecado da luxúria

Para entender melhor as críticas de Nietzsche aos valores, vale a pena recorrer a um exemplo prático. Sabe-se que, moralmente, não é considerado apropriado dar vazão a todos os nossos desejos sexuais. Esse comportamento é repreendido pela moral e condenável pela igreja cristã, que chama esse "pecado" de "luxúria".

Para Nietzsche, no entanto, quando a pessoa enterra os desejos que sente, inclusive os eróticos, é uma forma de negar a sua natureza humana e as possibilidades de viver com entusiasmo e completude.

Para ele, quem aceita passivamente os valores transmitidos desde a infância tem uma existência pautada pela limitação e repressão. O resultado disso é um ressentimento que acompanha a pessoa ao longo da vida. Esse ressentimento gera sentimento de culpa e cristaliza na mentalidade ocidental a noção de pecado instituída pela moral cristã.

Na contramão de Sócrates

Quando propõe uma revisão de valores estabelecidos na sociedade, Nietzsche se choca com as ideias propostas por Sócrates. O filósofo grego foi o primeiro pensador que sugeriu a necessidade de controlar as paixões e, da mesma forma, os instintos em nome de um código moral. Para o filósofo alemão, no entanto, esse controle é uma espécie de cabresto colocado no ser humano, que deve ser eliminado.

"Nem a moral nem a religião,
no cristianismo, têm algum ponto
de contato com a efetividade.
Somente causas imaginárias:
Deus, alma, espírito..."

Nietzsche

Ideia 4 – Mundo verdadeiro x mundo dos sentidos

Em *Crepúsculo dos ídolos*, livro de 1888, Nietzsche assina um ensaio em que declara que a filosofia ocidental é um equívoco. O nome do ensaio é *Como o ´mundo verdadeiro` se tornou finalmente fábula* e tem um subtítulo sugestivo: *História de um erro*. O filósofo atesta que essa visão distorcida começou com o filósofo grego Platão.

Platão afirmava que a realidade percebida pelo homem pode ser dividida em "mundo verdadeiro" (ou real, ou das ideias) e "mundo aparente" (ou ilusório). O mundo aparente é aquele que é captado pelos sentidos, ou seja, a realidade material. Ele reproduz as formas do chamado mundo verdadeiro, que só pode ser alcançado por meio da razão. No mundo verdadeiro, estariam as formas puras das quais se originam todas as ideias e objetos do mundo aparente. Segundo Platão, o conhecimento dessas formas puras nasce com as pessoas, mas não é compreendido de modo consciente.

O mito do mundo verdadeiro

Para Nietzsche, essa divisão entre "mundo verdadeiro" e "mundo aparente" é uma forma de desvalorizar a vida humana. Ele linkou o pensamento de Platão ao ideário cristão.

Quem segue uma religião cristã sustenta que a experiência terrena é infinitamente menor do que a plenitude do além, em outras palavras, o paraíso cristão. Mas essa plenitude só pode ser alcançada se as instruções religiosas forem seguidas à risca pelo fiel.

O filósofo atesta que tanto a versão platônica quanto a leitura cristã afetaram nossa compreensão de nós mesmos e acabaram diminuindo a importância da vida.

Nos dois casos, seja o mundo verdadeiro proposto por Platão ou a esfera espiritual dos religiosos, a vida material é algo do qual devemos manter distância ou, em último caso, desfrutar com moderação. No momento que agimos assim, segundo Nietzsche, enaltecemos um mito, um conceito imaginário.

"Pregadores da morte"

O filósofo alemão chegou a chamar os sacerdotes cristãos de "pregadores da morte". Ele ressalta que os ensinamentos religiosos induzem as pessoas a depreciar a vida e a criar expectativas em relação à morte quando poderão, finalmente, transcender esse plano terrestre e experimentar a abundância espiritual.

> "A arte levanta a cabeça
> quando as religiões
> perdem terreno."
>
> **Nietzsche**

Ideia 5 – O bem e o mal

Ao questionar a moral tradicional, Nietzsche derruba os conceitos que aprendemos desde a infância sobre "bem" e "mal". Historiadores da moral e a tradição judaico-cristã destacam que o homem bom é caridoso, humilde e asceta, ou seja, desinteressado dos prazeres da vida.

O filósofo desafia essa classificação: para ele, o homem caridoso e humilde é apenas uma representação da passividade e se comporta como um escravo. Ao recusar os prazeres e os desejos, nega a alegria inerente às experiências cotidianas, tornando-se um refém da vivência espiritual sublime que, supostamente, espera por ele após a morte.

Nietzsche reforça que esse homem que acabou por ser domesticado pela moral não é bom, e sim fraco, ressentido e impotente. Em sua obra, ele relembra a Grécia Antiga, do tempo das epopeias e das tragédias contadas nos mitos, em que virtude era sinônimo de força e potência, com o reconhecimento dos instintos como um impulso primordial. Guerreiros amados pelos deuses gregos eram bons, belos e implacáveis – e não exatamente generosos.

Um toque de repulsa

Esses guerreiros implacáveis inspiram o conceito de "super-homem" imaginado pelo filósofo alemão. Embora essa superação do homem pareça, à primeira vista, bastante tentadora, conviver com o super-homem pode, na verdade, não ser tão gratificante assim: essa figura que quebra os limites da natureza humana é um conquistador nato, que pensa bastante em si mesmo e trata os demais com um misto de repulsa e desprezo.

Misto de vontade e ação

Enquanto critica a moral dos escravizados, Nietzsche prestigia a moral dos senhores, cuja prática propõe uma afirmação à vida e à valorização dos instintos.

O homem nobre, segundo ele, vai além das noções mais elementares de "bem" e "mal". Para esse homem nobre, bem significa vontade, potência, dinamismo e capacidade de ação, enquanto mal é sinônimo de fraqueza, sentimento de culpa e imobilidade.

Guerra de troia

O filósofo faz uma referência à guerra de troia narrada pelo poeta Homero na obra *Ilíada*[2]. Nessa batalha, não haveria homens bons nem maus, ou seja, o inimigo não seria moralmente condenável. "Em Homero, tanto gregos e troianos são bons. Não passa por mau aquele que nos inflige algum dano, mas aquele que é desprezível", justifica Nietzsche.

Ele reforça que os conceitos de "bem" e "mal" são uma herança ancestral que ajuda a desenhar os nossos valores atuais e, de certo modo, a ditar nosso comportamento. O filósofo considera essa moral decadente por enfraquecer os instintos,

---

2   A *Ilíada* é um poema mitológico que discorre sobre a guerra entre gregos e troianos que teria ocorrido mais de 1.200 anos antes do nascimento de Cristo. Seu autor seria Homero, que teria vivido 800 anos a.C.

transformando a humanidade num rebanho de cordeiros.

Ele desenvolveu essas ideias no livro *A genealogia da moral* (1887). Seu interesse era investigar a origem do binômio "bem x mal", que ajuda a fundamentar os preceitos morais e é acolhido por grande parte das religiões no Ocidente.

Ideia 6 – O eterno retorno

Foi durante um passeio num campo suíço, em 1881, que Nietzsche teve a ideia do eterno retorno. Esse conceito estabelece que todas as experiências humanas estão fadadas a se repetirem em alternância: criação e destruição; alegria e sofrimento; triunfo e fracasso.

De acordo com o filósofo, como as forças que regem a vida são finitas, os resultados dessas forças em ação não apresentariam nada inédito, e sim uma repetição de acontecimentos num ciclo infinito. Na visão de Nietzsche, essa sucessão de alternâncias entre situações e estados emocionais não tem uma causa nem uma finalidade. Também são situações e estados emocionais que não se opõem, e sim se complementam, já que fazem parte da mesma realidade.

"Sua vida inteira, como uma ampulheta, será sempre desvirada outra vez e sempre irá se escoar outra vez [...]. E, então, encontrará cada dor e cada prazer, e cada amigo e inimigo, e cada esperança e cada erro, e cada folha de grama e cada raio de sol outra vez, a inteira conexão de todas as coisas", provoca o filósofo.

A leitura correta

A ideia do eterno retorno aparece em várias obras de Nietzsche, principalmente em *A Gaia*

Ciência (1881-1882). Embora se assemelhe ao conceito de carma de algumas tradições asiáticas, é preciso esclarecer que não há ligação entre as duas coisas.

O filósofo alemão era ateu e combatia fortemente a possibilidade de uma realidade transcendental como sustenta a fé religiosa.

Afirmação de vida

Apesar de parecer um tormento por conta da ocorrência da repetição sem fim, o eterno retorno, na verdade, é uma afirmação de vida. Para o filósofo alemão, quem compreende e aceita esse ciclo valoriza cada instante, reage diante das adversidades e utiliza a criatividade que detém para propor recomeços – mesmo sabendo que todo recomeço vai encontrar, uma hora ou outra, um ponto-final.

Assim, o eterno retorno pode ser compreendido como um tipo de instrumento de avaliação da própria vida. Ou seja, gostar ou não da repetição proposta por esse conceito vai depender da maneira como cada um classifica sua vida: uma série de surpresas e descobertas prazerosas ou uma soma de infortúnios desconexos e sem sentido?

Quem conhece suas aptidões e mantém relacionamentos saudáveis é, por exemplo, um forte candidato a aprovar o eterno retorno. Já quem trabalha onde não gosta e alimenta relações tóxicas vai considerar a repetição uma espécie de maldição.

A visita do demônio

Nietzsche usou uma imagem alegórica para representar essa possibilidade. Imagine que um demônio surgisse diante de você e dissesse o seguinte: "esta vida, como você a está vivendo e já viveu, você terá de viver mais uma vez e por incontáveis vezes; e nada haverá de novo nela". Essa suposição nos leva a pensar em qual seria nossa reação: amaldiçoar esse demônio ou celebrar com ele essa profecia?

> "O destino dos seres humanos
> é feito de momentos felizes,
> e não de épocas felizes."
>
> **Nietzsche**

Ideia 7 – Niilismo

Niilismo pode ser compreendido como a descrença nos valores impostos pela sociedade. "O niilismo seria a expressão afetiva e intelectual da decadência.

Por meio dele, o homem moderno vivencia a perda de sentido dos valores superiores de nossa cultura", destaca o especialista e professor Osvaldo Giadoia Júnior em *Nietzsche – Folha explica*. O conceito aparece em três livros do filósofo alemão: *Crepúsculo dos ídolos, O Anticristo* e *Ecce homo*.

Política e artes

Ao considerar o niilismo como uma expressão da decadência da história da civilização, o filósofo alemão passa a exercer um olhar crítico sobre todas as esferas que compõem as experiências humanas, como a religião, a política, as ciências e as artes.

Todas essas esferas, segundo ele, teriam perdido a consistência e, portanto, não poderiam mais emprestar sentido às ações humanas ou mesmo à construção do conhecimento. As artes, por exemplo, não funcionariam mais como doadoras de sentido nem tampouco agentes críticos da realidade, e sim como ferramentas de entretenimento.

Da mesma forma, política e ciências reproduziriam um ideal de ser humano adaptado à sociedade convencional e à cultura das massas – sem o compromisso de colaborar para a construção de uma civilização com valores e convicções renovados.

Sinônimo de vazio

O termo niilismo vem do latim "nihil", que significa "vazio" ou "nada". Esse termo já havia sido utilizado por outros filósofos antes de Nietzsche, mas foi com o pensador alemão que se consagrou e alcançou popularidade. Hoje, quando se fala em niilismo, é comum que automaticamente relacionem esse conceito à filosofia nietzschiana.

Uma luz no fim do túnel?

Então, o que fazer diante dessa ausência de sentido proclamada pelo niilismo? Para onde correr diante dessa constatação do vazio? Desistir da vida?

Nietzsche não enxergava dessa forma. Para ele, uma vez que ocorre a desconstrução dos valores, é necessário que cada um se supere para criar suas próprias regras e viver de modo intenso e destemido.

Num mundo onde a moral é relativa e Deus não existe, cabe ao homem (ou ao super-homem) recomeçar o jogo e assumir integralmente a responsabilidade pelos seus atos, agindo com coragem e sendo fiel à sua força criativa.

> "Nosso tesouro está onde
> estão as colmeias do nosso
> conhecimento. Estamos sempre
> a caminho delas, sendo por
> natureza criaturas aladas e
> coletoras do mel do espírito."
>
> **Nietzsche**

Ideia 8 – Vontade de potência

Vontade de potência (ou vontade de poder, como preferem alguns estudiosos da obra de Nietzsche) é um instinto que pertence ao homem que se superou, ou seja, o super-homem. Significa um impulso de quem pretende experimentar uma existência plena, à margem dos valores morais defendidos e difundidos pela sociedade.

Na lógica da vontade de poder, os valores positivos não se alinham à noção que se tem, comumente, de "bem", ou seja, aos conceitos de compaixão, piedade, tranquilidade, doçura, humildade etc.

Para o filósofo alemão, esses atributos são valores inferiores e, portanto, deveriam ser substituídos pelos valores que sustentam o movimento renascentista, como o orgulho, a vontade de correr riscos, a personalidade criativa e a sede de conhecimento.

O homem bom é forte

O homem bom é o homem forte: aquele que se orienta pela vontade de potência. Na obra de Nietzsche, quem pratica isso é Zaratustra, o profeta que desiste da vida de ermitão para anunciar ao homem comum que ele precisa, com urgência, abandonar as restrições que a natureza humana lhe impõe.

Rompendo correntes

Mas como praticar a vontade de potência? Só há um meio: apropriar-se da natureza do super-homem até se transformar em um. É necessário romper as correntes que aprisionam o homem comum e correr riscos, instrui Nietzsche.

Porém, isso não é possível se ainda houver laços com as tradições religiosas. Assim, além de negar a metafísica, é preciso também se libertar dos sentimentos que a religião propaga para enaltecer uma realidade transcendente. Quais são esses sentimentos? O desprezo pela vida, pelo mundo e até pelo próprio corpo.

A vontade de potência só se instala quando o homem a caminho da superação deixa de se sentir angustiado pela possibilidade do castigo divino ou ressentido pela urgência da redenção antes do juízo final. Esse homem passa a desconfiar da felicidade eterna que esperaria por ele após a morte e concentra sua energia na existência terrena, no aqui, no agora.

A construção da vontade

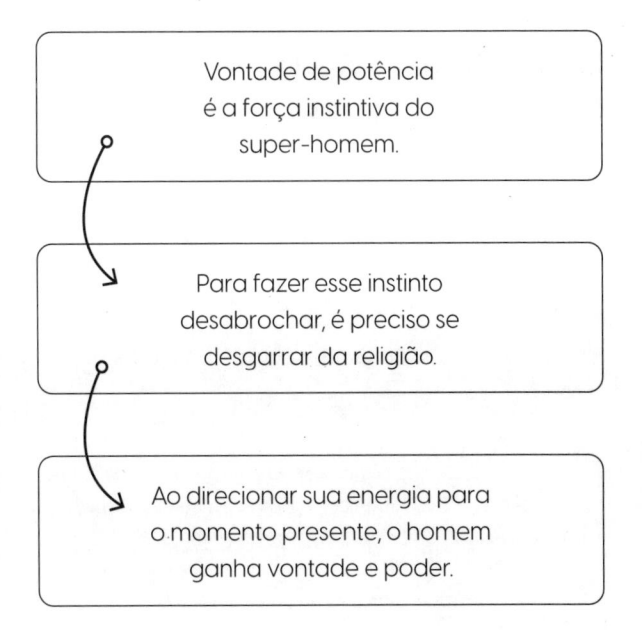

Vontade de potência é a força instintiva do super-homem.

Para fazer esse instinto desabrochar, é preciso se desgarrar da religião.

Ao direcionar sua energia para o momento presente, o homem ganha vontade e poder.

"Ninguém pode construir no seu lugar as pontes em que precisará passar para atravessar o rio da vida – ninguém, exceto você, só você."

Nietzsche

Ideia 9 – Dioniso x Apolo

Quando publica, em 1871, *O nascimento da tragédia*, seu primeiro livro, Nietzsche afirma que a obra do compositor Richard Wagner[3] (1813 - 1883) poderia representar o renascimento da tragédia grega na Europa, e ainda servir para fortalecer a identidade alemã, agora unificada politicamente. De quebra, a

---

[3] Nietzsche e o compositor Wagner eram amigos e colaboradores, mas o filósofo rompeu a relação, entre outros motivos, quando o compositor se converteu ao cristianismo. Para o filósofo, essa conversão representou fraqueza e negação dos instintos. As ideias antissemitas de Wagner também desagradaram Nietzsche.

obra do compositor conduziria a filosofia, segundo Nietzsche, à sua vocação original: a valorização da existência humana por meio do pensamento.

Para endossar essas ideias, ele recorre a duas forças primais da mitologia grega: os deuses Dioniso e apolo. Dioníso é o deus do vinho, da música, da festa, dos instintos. Apolo, em contraposição, é a divindade ligada às artes, à harmonia, ao equilíbrio, à razão. Para Nietzsche, essa dupla de deuses representa o universo e também a trajetória humana: no começo, é o caos (Dioniso), até que as coisas se alinham (Apolo) e voltam a se desintegrar num ciclo constante – o eterno retorno.

Forças primais

O filósofo alemão acredita que essas duas forças primais – Dioniso e Apolo – são complementares, mas foram separadas pela civilização ocidental. E a responsabilidade disso foi do filósofo grego Sócrates. Mestre de Platão, Sócrates é quem teria colocado fim à Grécia antiga ao tentar, por meio de sua filosofia, reprimir os instintos contraditórios, impondo aos seus seguidores a soberania da razão.

De Sócrates a Cristo

Ao longo de sua obra, Nietzsche troca a autoria do sepultador dos instintos: no lugar do filósofo grego Sócrates, entra Cristo. Enquanto Dioniso celebra a vida, Cristo renega a existência terrena ao encorajar a experiência transcendental após a morte.

Por isso, o filósofo considerava tão importante que o homem se desvinculasse de doutrinas religiosas para ampliar suas perspectivas durante sua passagem por esse mundo.

Cinco máximas de Nietzsche
1. "O estado tem medo da filosofia";
2. "Derrubar ídolos: isso, sim, já faz parte do meu ofício";
3. "Todas as minhas verdades são, para mim, verdades sangrentas";
4. "É somente o depois de amanhã que me pertence. Alguns homens já nascem póstumos";
5. "A moral, desde que sobre a terra se fala e se persuade, se demonstrou como a mestra máxima da sedução".

Ideia 10 – Política: nem esquerda, nem direita

Nietzsche é de esquerda ou de direita? Para os estudiosos do filósofo alemão, nem uma coisa nem outra. Por ser um crítico ferrenho do sistema de valores no

Ocidente, o teórico encara a prática política como um instrumento de contenção das possibilidades de ação humana.

Socialismo, esquerda, liberalismo, direita, democracia: tudo isso, sob a ótica nietzschiana, só funciona como um cerceamento dos horizontes do homem ocidental pisoteado pelo rigor da moral e pelas tradições cristãs.

O papel da democracia

Para o filósofo alemão, "a democracia é uma forma histórica da decadência do Estado". Nesse contexto, o termo decadência deve ser compreendido como uma tentativa de escravizar o pensamento humano. Para ele, o Estado funciona como um órgão regulador de cidadãos obedientes e tem como papel reprimir a cultura de um povo, tornando-a inerte e estereotipada.

"Retrocesso à estupidez"

Além de questionar a democracia, Nietzsche também condena os sistemas totalitários. Diz ele em *Considerações extemporâneas* (1873): "estamos sofrendo as consequências das doutrinas pregadas ultimamente por todos os lados, segundo as quais o Estado é o mais alto fim do homem e, assim, não há mais elevado fim do que servi-lo. Considero tal fato não um retrocesso ao paganismo, mas um retrocesso à estupidez".

Um ultimato à pequena política

O filósofo também combate a iniciativa política de direitos iguais para todos. Segundo ele, esse interesse acaba nivelando as pessoas indistintamente e eliminando, entre elas, as diferenças, que poderiam proporcionar tensões, instabilidades e, na sequência, novos paradigmas para a compreensão e superação de sistemas políticos vigentes. Ele chama esses sistemas de "pequena política", uma vez que, de acordo com ele, apequenam a existência humana.

Da mesma forma que critica os sistemas políticos, Nietzsche também ataca o nacionalismo que se apossou da Alemanha no final do século XIX, quando o país virou uma unidade política. Ele chama o nacionalismo de "neurose" e teme que a cultura seja assolada por ele.

E a solução?

Se os sistemas políticos vigentes não são adequados para transformar a realidade social, o que o filósofo recomenda? Um antidiscurso político ou o que chama de "grande política". Ao afirmar que o Ocidente necessita de uma "revaloração de todos os valores", Nietzsche confia nas situações de conflito e na prática permanente do questionamento para quebrar a estabilidade das estruturas de poder, recriar princípios e fixar novos valores.

"Se aparecer um homem que efetivamente faça menção de ir com a faca da verdade ao corpo de tudo, até mesmo do Estado, então o Estado, porque antes de tudo afirma sua própria existência, estará no direito de excluir de si um tal homem e tratá-lo como inimigo seu: assim como exclui e trata como inimiga uma religião que se coloca acima dele e quer ser seu juiz."

Nietzsche

PARA FIXAR NA MEMÓRIA

▶ **Ideia 1 – O super-homem:** é o homem que se rebela contra a natureza humana. Ele questiona valores, como Deus e moral. Ao fazer isso, experimenta a vida com mais intensidade;

▶ **Ideia 2 – "Deus está morto":** Zaratustra é um personagem que declara a morte de Deus. Por ser ateu, sente-se à vontade para contestar valores vigentes que reprimem a humanidade. Sem eles, a vida ganharia outro sentido;

▶ **Ideia 3 – Ética e moral cristã:** se Deus está morto, é preciso rever os princípios morais;

Esses princípios aprisionam o homem. Longe deles, o homem desfrutaria da liberdade plena.

▶ **Ideia 4 – Mundo verdadeiro x mundo aparente:** Platão dividiu o mundo entre "verdadeiro" e "aparente". Essa divisão impede que o homem viva de forma criativa e destemida. Só existe um mundo, que é o concreto, o aparente. O resto é imaginação;

▶ **Ideia 5 – O bem e o mal:** são conceitos impostos que amordaçam o homem. O bem precisa ser visto como sinônimo de vontade e poder. O mal precisa ser visto como sinônimo de culpa, tristeza e inércia;

▶ **Ideia 6 – O eterno retorno:** todas as experiências humanas estão destinadas a se repetirem. Quem gosta da vida que leva vai encarar isso como um presente. Quem não gosta vai associar o eterno retorno a uma maldição;

▶ **Ideia 7 – Niilismo:** é a perda de sentido dos valores da cultura ocidental. Apoiadas em valores decadentes, as experiências humanas se esvaziam. É preciso renovar os valores para a força da criatividade voltar a imperar;

▶ **Ideia 8 – Vontade de potência:** é o instinto que move o super-homem. O super-homem tem força, sede de conhecimento e não foge dos riscos. Seu primeiro gesto é abandonar as tradições religiosas;

▶ **Ideia 9 – Dioniso x Apolo:** esses deuses gregos representam as forças primais do universo. Para domar os instintos, o filósofo Sócrates separou essas forças, que são complementares. Sem a pulsão dos instintos, o homem se tornou obediente, fraco e retraído;

▶ **Ideia 10 – Política:** nem esquerda, nem direita. Nietzsche considera que o estado e a prática política cerceiam o homem. Valores e instituições devem ser revistos, inclusive no campo político.

4

LEGADO

O movimento filosófico conhecido como pós-estruturalismo é o que melhor agrega as influências do pensamento de Nietzsche ao longo do século XX, segundo o professor Saulo Krieger, doutor em Filosofia pela Universidade Federal de São Paulo (Unifesp).

O pós-estruturalismo consiste nas investigações que avançam as discussões do estruturalismo, propondo novas abordagens. Tem entre seus principais representantes os filósofos Michel Foucault (1926 – 1984), Jacques Derrida (1930 – 2004) e Gilles Deleuze (1925 – 1995).

Para entender o conceito de pós-estruturalismo, é necessário primeiro dominar o significado de estruturalismo: corrente filosófica baseada nos estudos do teórico francês Ferdinand de Saussure (1857 – 1913), conhecido como o criador da linguística moderna.

O estruturalismo estabelece que os fenômenos culturais só podem ser analisados como estruturas que se relacionam. Na prática, isso significa que para entender como funciona a economia de uma comunidade, é preciso investigar como se dão as relações sociais entre os seus membros. Ou seja, os fenômenos não são isolados e há elementos implícitos que explicam como as estruturas operam.

A dissolução do homem

Krieger reforça que Foucault chegou a escrever sobre como Nietzsche, ao lado do psiquiatra Sigmund Freud (1856 – 1939) e do filósofo e economista Karl Marx (1818 – 1883), promoveu, por meio do seu pensamento, "uma mudança radical na natureza do signo[4] e no modo como são interpretados".

"Em Nietzsche a superação do niilismo (perda de valor dos próprios valores) se dá com a superação dos próprios valores — daí a sua noção de além-do-homem, por meio da qual Foucault vai conceber a sua dissolução do homem, do 'homem' como centro irradiador de um pensamento, o moderno, que era representacional", explica o professor. O professor chama de além-do-homem o conceito nietzschiano de "super-homem".

---

[4] Na semiótica (estudo dos signos), um signo é um elemento que representa outro. Esse conceito se divide em três tipos: ícone, índice e símbolo. Exemplo de ícone: desenho de um livro (o desenho representa esse objeto); exemplo de índice: pegadas na areia, pois sugerem que uma pessoa passou por ali; exemplos de símbolo: pomba da paz, sinais matemáticos, logotipos de empresas, ou seja, tudo aquilo que depende de uma convenção, isto é, de um repertório ou conjunto de associações prévias.

Filosofia pós-Nietzsche

Os professores Saulo Krieger e Sérgio Fernando Maciel Correa destacam os filósofos cujas ideias carregam referências da obra de Nietzsche:

• **Michel Foucault** – o filósofo, professor e ativista francês tem uma frase célebre: "o homem é uma invenção recente". Mas o que ele quis dizer com isso?

Para Foucault, as noções atuais que temos sobre a natureza humana não são eternas nem podem ser aplicadas em qualquer momento histórico anterior ao nosso. Segundo ele, as ideias que associamos à natureza humana começaram a se formar no começo do século XIX, quando foi sistematizado o estudo das ciências naturais. É uma teoria, em parte, inspirada em Nietzsche, para quem a natureza humana é algo a ser superado. "Michel Foucault confessou em vários textos ter se constituído filósofo graças ao método genealógico de Nietzsche", reforça Maciel Correa. O método genealógico de Nietzsche consiste na investigação das origens da moral, sobretudo os conceitos de "bom" e "mau".

• **Jacques Derrida** – nascido na então colônia francesa da Argélia, Derrida é sempre lembrado pelo conceito de desconstrução. Isso significa que qualquer texto não pode ser compreendido apenas pelo significado de suas palavras. De acordo com esse filósofo, as contradições, ambiguidades e tudo aquilo que o texto não diz podem revelar mais sobre o que o material pretende comunicar do que a interpretação convencional. "Derrida tem Nietzsche como um dos precursores de sua desconstrução", reforça Krieger.

• **Gilles Deleuze** – "o que ele mais aproveita do pensamento de Nietzsche é a noção de vontade de potência, que ele converte em desejo", esclarece Krieger.

Esse filósofo francês que escreveu contra a psicanálise no livro *O anti-Édipo* (1972), ao lado do psicanalista Félix Guattari, acreditava que o desejo é uma pulsão positiva e produtiva, e não um comportamento viciante a ser eliminado.

Outros campos do saber

O filósofo alemão não assoprou suas reflexões apenas na filosofia. Suas ideias revolucionárias impactaram outros segmentos, como as artes e a psicologia. O professor Sérgio Fernando Maciel Correa cita a poesia de Rainer Maria Rilke (1875 – 1926) e a obra literária de Albert Camus (1913 – 1960) como exemplos da contribuição de Nietzsche.

O próprio poeta Rilke, que namorou a grande paixão de Nietzsche, a escritora russa Louise

Salomé, chegou a reconhecer em sua obra *Insights* do pensamento nietzschiano. Os poemas *Profissão de fé*, *Cristo na cruz* e *Carta de um jovem operário* carregam um espírito anticristão e irado – exatamente como bradava o filósofo alemão.

O artista do absurdo

No caso de Albert Camus, as ideias de Nietzsche aparecem em ensaios e também ecoam nos romances, sobretudo em *O estrangeiro* (1942) – sobre um homem que vai ao enterro da mãe e, na sequência, é acusado de ter assassinado um desafeto de um vizinho. O escritor argelino, que ganhou um prêmio nobel de literatura em 1957, era ativista político e acreditava que a vida poderia trazer mais satisfação se as pessoas reconhecessem que a existência carece de sentido.

O mito da pedra rolante

Camus desenvolveu o conceito do absurdo no ensaio *O mito de Sísifo*, em 1942. Sísifo foi um rei grego que desafiou as divindades e foi condenado a um castigo eterno: rolar uma pedra enorme até o cume de uma montanha, vê-la deslizar pelo outro lado e recomeçar a tarefa.

Camus interpretou o mito grego como uma metáfora da nossa vida sem sentido, marcada pelo absurdo que representa a existência humana.

A influência nas artes

No século XX, principalmente, grandes nomes de diversas modalidades artísticas beberam no legado de Nietzsche. Acompanhe alguns:

• **Literatura:** André Gide, escritor francês (1869 – 1951), é um crítico da moral. Em seu livro *O imoralista* (1902), denuncia preconceitos da sociedade e, ao mesmo tempo, clama por liberdade humana.

• **Teatro:** Bertold Brecht, dramaturgo alemão (1898 – 1956), defende em suas peças a necessidade de superar a transcendência e valorizar a vida concreta, dos sentidos.

• **Música:** Gustav Mahler (1860 – 1911), nascido em Boêmia (na época pertencente ao império austríaco, hoje República Tcheca), cita versos de Zaratustra, personagem de Nietzsche, em uma de suas sinfonias.

• **Pintura:** Ernst Ludwig Kirchner (1880 – 1938), pintor expressionista alemão e leitor declarado de Nietzsche, realça figuras humanas deformadas e angustiadas em suas obras. Os pintores expressionistas deformavam imagens visuais para refletir as angústias e as incertezas do homem da época.

Coleção Saberes

Nietzsche e a mente humana

Sigmund Freud (1856 – 1939) e Carl Gustav Jung (1875 – 1961) representam os expoentes dos estudos da mente humana no século XX. Criadores, respectivamente, da psicanálise e da psicologia analítica, os dois também beberam na fonte nietzschiana, segundo o professor Saulo Krieger. "Freud teve um contato com a obra de Nietzsche maior do que gostaria de admitir. Isso tanto pela ação de amigos em comum, como o fisiologista austríaco Joseph Paneth, como pelo fato de Nietzsche ter sido lido e debatido nas reuniões das quartas-feiras, na Sociedade Psicanalítica de Viena, idealizadas pelo próprio Freud", comenta o professor.

Sementes do inconsciente

Ainda que o pai da psicanálise não tenha admitido publicamente a força do pensamento de Nietzsche sobre sua obra, sabe-se que a teoria do inconsciente advém da filosofia praticada no século XIX.

"Freud reconhece o legado de Schopenhauer para a psicanálise com muito mais tranquilidade do que o faz com relação a Nietzsche, que lhe seria mais próximo, cronologicamente e também em temáticas e abordagens", destaca Krieger.

O professor salienta que o legado de Nietzsche evidencia a compreensão das forças inconscientes, uma percepção fundamental para Freud construir os alicerces da psicanálise.

"O grau de introspecção alcançado por Nietzsche nunca foi atingido por ninguém."
Sigmund Freud

Luz e sombra

No caso de Carl Gustav Jung, a influência de Nietzsche fica clara na construção do conceito de "sombra". Para o criador da psicologia analítica, sombra é o aspecto oculto da psique, aquele que reúne nossos sentimentos primitivos e instintos reprimidos.

Jung defendia a necessidade de iluminar as sombras para que, dessa forma, pudesse se alcançar o desenvolvimento emocional.

O professor Saulo Krieger identifica um elo entre a sombra junguiana e o reconhecimento dos instintos sugerido pelo filósofo alemão. "Nietzsche propõe com relação ao sofrimento, em razão de sua concepção trágica da existência, a necessidade de trazer para a consciência a sua esfera animal dos instintos, a questão do sofrimento, que não pode ser rejeitado, tem de ser suportado e enfrentado", menciona.

"Se você ficar olhando muito tempo para o abismo, o abismo começará a olhar para você."

Nietzsche

PARA FIXAR NA MEMÓRIA

▶ Os filósofos do pós-estruturalismo, que publicaram suas ideias no século XX, são os principais "herdeiros" do pensamento de Nietzsche;

▶ Entre os pós-estruturalistas, destaca-se o filósofo Michel Foucault, para quem o homem "é uma invenção recente". Essa ideia condiz com a concepção de Nietzsche sobre a natureza humana: o filósofo alemão diz que a natureza humana deveria ser questionada e superada;

▶ A poesia, a literatura, a música, o teatro e a pintura são outros campos do saber que beberam na fonte nietzschiana. Entre os principais nomes, destaca-se o do filósofo e escritor argelino Albert Camus, para quem a vida é absurda e desprovida de sentido;

▶ Freud, pai da psicanálise, e Jung, criador da psicologia analítica, também podem ter sido influenciados pelo pensador alemão. A teoria do inconsciente de Freud encontra inspiração na filosofia praticada no século XIX, que inclui Nietzsche;

▶ Já Jung "empresta" do filósofo alemão a necessidade de trazer à consciência o conteúdo das sombras: parte da psique que agrupa nossos sentimentos primitivos e instintos reprimidos.

5

CONTROVÉRSIAS E APROFUNDAMENTO

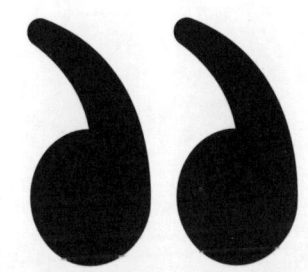

Como os filósofos que sucederam Nietzsche encararam sua obra ao longo do século XX?

Para o professor Saulo Krieger, a questão é mais complexa: ele frisa que o pensador alemão precisou, primeiro, ser reconhecido como filósofo. "Ele era recebido como escritor, poeta, profeta, visionário, e esse tipo de recepção prevaleceu desde a última década do século XIX, quando ele já havia sofrido seu colapso psíquico, até aproximadamente o final da segunda guerra", sublinha.

Além da originalidade de suas ideias, o que distingue Nietzsche de seus pares é seu estilo febril de escrever.

Quando coloca ideias no papel, rejeita o tom analítico convencional dos pensadores do seu tempo para adotar uma maneira impetuosa de se expressar. Não por acaso, ele costumava dizer que escrevia sobre filosofia com um martelo – sem insinuações nem sutilezas.

> "Quem luta com monstros
> deve velar por que,
> ao fazê-lo, não se transforme
> também em monstro.
> E se tu olhares, durante muito
> tempo, para um abismo, o abismo
> também olha para dentro de ti."
>
> **Nietzsche**

Cursos de Heidegger

Em 1936, o filósofo e professor universitário alemão Martin Heidegger (1889 – 1976) começou a ministrar cursos sobre Nietzsche, ampliando sua importância no meio acadêmico.

Os cursos seguiram até 1945, mas só foram publicados em 1961, resultando em dois volumes extensos.

Em 1962, foi a vez do filósofo pós-estruturalista Gilles Deleuze lançar *Nietzsche e a filosofia*. "Mas antes de Deleuze, e também da publicação dos cursos de Heidegger, nos Estados Unidos, e já numa outra seara – a dos comentários, e não do uso de Nietzsche para encetar a própria filosofia –, foi o livro de Walter Kaufmann, *Nietzsche filósofo, psicólogo, anticristo*, que mais efetivamente lançou Nietzsche na cena filosófica e o reabilitou. Dos Estados Unidos para a Europa. E eu digo `reabilitou´ por desvencilhar Nietzsche da apropriação e deturpação de sua filosofia pelos nazistas", emenda Saulo Krieger.

Discurso radical

O professor Saulo Krieger esclarece que Nietzsche não enfileira contestadores do seu legado. "Na filosofia, vejo diferentes casos de filósofos que não são muito contestados, como é o caso de Heráclito, Pascal, talvez Spinoza, Hume com certeza... Há radicalidade em cada um deles, como há em Nietzsche, mas uma radicalidade que não passa tanto pelo que eu chamaria de ´apostas não muito convincentes´ – embora tremendamente influentes, como se tem em Platão, Descartes, Kant ou Hegel. E, relacionado a isso, ao fato de não ter sido de pronto compreendido como filósofo, ou a ele se aderido, ou contestado, Nietzsche é um filósofo que não fundou uma escola, embora tenha se posto no centro do debate filosófico – seus estilhaços estão por todo o século XX e até hoje", argumenta.

Estilo literário

Outro fator que pode explicar a não aceitação imediata de Nietzsche tem a ver com seu estilo literário.

O filósofo alemão não conseguia agradar facilmente aos chamados filósofos analíticos do século XX, mais inclinados a reconhecer a superioridade da clareza conceitual – aspecto que, definitivamente, passa longe de sua obra.

Teses controvertidas

O professor Krieger reforça que algumas teses de Nietzsche causam polêmicas até hoje, inclusive por parte de pesquisadores da filosofia.

Um dos exemplos que pode ser citado sobre as teses polêmicas é: o pensador teria uma visão de mundo aristocrática, que privilegiaria uma elite intelectual.

Nietzsche também seria avesso à democracia como um sistema político.

Na verdade, a crítica à democracia era quase uma provocação. "O que Nietzsche criticava, na realidade, era o estado de lassidão que tais instituições modernas provocam, quando já se tem direitos devidamente conquistados e dados por certos. Segundo o pensador, o importante era o movimento de tensionamento e resistência em busca dessas conquistas – para que sempre, de certo modo, se reproduzam entre os indivíduos dinâmicas que se têm na natureza – e não o seu estado frouxo, de pós-conquista", enfatiza o professor Saulo Krieger.

Ou seja, de acordo com a visão de Nietzsche, criticar o sistema democrático nada mais era do que uma maneira de não permitir uma acomodação.

"Quando alguém pergunta
para que serve a filosofia,
a resposta deve ser agressiva,
visto que a pergunta
pretende-se irônica e mordaz.
A filosofia não serve nem ao Estado,
nem à Igreja, que têm outras preocupações.
Não serve a nenhum poder estabelecido.
A filosofia serve para entristecer.
Uma filosofia que não entristece
a ninguém e não contraria
ninguém, não é uma filosofia."

Gilles Deleuze em *Nietzsche e a filosofia*

O filósofo e a democracia

Nietzsche é contra a democracia?

• Não é bem assim: o filósofo protesta contra a "frouxidão" que o sistema democrático costuma provocar após a efetivação da conquista de direitos sociais.

• Ele considera essa acomodação nociva e defende uma resistência permanente.

O problema da misoginia

Misoginia, que significa ter aversão ou sentir total intolerância a mulheres, ou ainda ter aversão ao contato sexual com as mulheres, é outro posicionamento de Nietzsche que gera debates acalorados.

De fato, será que ele realmente subjugava as mulheres durante seus discursos filosóficos? Há quem diga que sim, caso contrário, o filósofo não teria deixado registrado na obra *Além do bem e do mal* a seguinte citação: "desde o início, à mulher nada é mais estranho, repugnante, hostil do que a verdade! Sua grande arte é a mentira, sua máxima preocupação é a aparência e a beleza".

Para Saulo Krieger, porém, essa postura misógina combina dois elementos: a tentativa de provocar seu público e o desejo de dar voz a um personagem controverso, cujas ideias seriam mais arrebatadoras se pudessem desafiar o senso comum.

> "A mulher foi o segundo erro de Deus."
>
> **Nietzsche**

Seleção étnica

Por outro lado, a eugenia ("purificação" étnica) de Nietzsche não parece pertencer a um jogo de encenação.

Coleção Saberes

No entanto, o momento histórico não pode ser descolado dessa avaliação. "O eugenismo[5] era uma postura corrente no século XIX. Não causava o horror que causa em nós hoje, até porque ainda não se tinha vivido a catástrofe do nazismo, com sua política eugenista e seus experimentos nessa direção", adverte o professor Saulo Krieger.

Ele ressalta ainda que Nietzsche, pode, sim, ter revelado um certa simpatia por esse processo. "Não se trata de concordar com Nietzsche ou discordar dele – pois a preocupação é a de

---

5   Eugenismo, ou eugenia, é um processo de seleção de um povo com base em suas características hereditárias a fim de eliminar indivíduos considerados 'inferiores'. A eugenia orientou a política de segregação racial da Alemanha nazista, quando foram assassinados 6 milhões de judeus durante a Segunda Guerra Mundial (1939 – 1945). Os nazistas acreditavam na supremacia da raça ariana: a raça branca.

trazê-lo à luz. Trata-se, no máximo, de observar que um filósofo como ele, mesmo que brilhante, em alguns ou muitos aspectos, não deixa de ser um homem de seu tempo", conclui.

As obras essenciais de Nietzsche

Humano, demasiado humano

É o primeiro livro de Nietzsche a apresentar aforismos (reflexões breves). Está incluído na segunda fase de sua produção, quando ele deixa de lado o espírito romântico e se aproxima do realismo.

Além do bem e do mal

Essa obra faz críticas à modernidade e à civilização ocidental. Integra a terceira fase da produção de Nietzsche, dedicada à reflexão de grandes temas.

A genealogia da moral

O discurso é contínuo e o livro esclarece o pensamento do filósofo alemão como um crítico mordaz dos valores morais da sociedade ocidental. Também integra a terceira fase de sua produção.

Crepúsculo dos ídolos

É um dos últimos livros de Nietzsche e apresenta um apanhado de suas ideias. Pesquisadores recomendam que o leitor já esteja habituando com a filosofia do pensador alemão antes de iniciar essa leitura.

Assim falou Zaratustra

É uma obra alegórica, ou seja, transmite as ideias de Nietzsche por meio de uma história formulada pelo autor. É seu livro mais famoso.

Zaratustra é um profeta que abandona a condição de exílio para retomar o convívio social. É ele quem anuncia que o homem deve se superar e sugere a evolução para o "super-homem".

PARA FIXAR NA MEMÓRIA

▶ Demorou um tempo para Nietzsche ser encarado como um filósofo pelos seus pares — e também pelo público. Ele era visto como um misto de poeta e profeta por conta de suas ideias originais e de seu estilo impetuoso de escrever;

▶ A popularidade do filósofo alemão começou a florescer em meados dos anos 1940, perto do fim da segunda guerra mundial;

▶ No começo dos anos 1960, Nietzsche virou objeto de estudo de filósofos, e suas ideias começaram a se espalhar pelo mundo. Nessa época, seu legado, que havia sido atrelado inadvertidamente ao nazismo, já havia sido reordenado e estava livre dessa deturpação;

▶ O filósofo alemão não escapa das polêmicas levantadas por conta de seus escritos. Mas nem todas as atribuições são corretas. Uma das teses mais controvertidas é a de que ele é contrário ao sistema democrático. Porém, não se trata disso: na verdade, ele é contra a acomodação que advém da consolidação da democracia numa sociedade;

▶ Outras teses, porém, são indefensáveis, como o apreço do filósofo pela eugenia (seleção étnica).

Fontes consultadas

Saulo Krieger, doutor em Filosofia pela Universidade Federal de São Paulo (Unifesp), tendo realizado estágio bolsa-sanduíche na Université de Reims Champagne-Ardennes, na França. É tradutor de "Além do bem e do mal" (2019) e "Assim falou Zaratustra" (prelo), da Edipro Editora.

Sérgio Fernando Maciel Correa, professor de Filosofia do Instituto Federal Catarinense, doutor em Filosofia Social e Política pela Unisinos (Universidade do Vale do Rio dos Sinos) e membro do Grupo de Estudos Nietzsche.

Artigos consultados

Os caminhos da política em Nietzsche. João Paulo Simões Vilas Boas, 2009. V Seminário de Pós-Graduação em Filosofia da UFSCar. Disponível em www.theoria.com.br/edicao0611/por_uma_etica_de_superacao_do_niilismo.pdf Acesso em 24 jul 2019.

O lugar da política no pensamento do jovem Nietzsche. Adriana Delbó, 2007. Cadernos de Ética e Filosofia Política (USP), v. 11, p. 83-96.

A melodia como luz da poesia: o impacto de F. Nietzsche sobre R. M. Rilke. Kathrin H. Rosenfield, 2013. Universidade Federal do Rio Grande do Sul. Disponível em https://www.lume.ufrgs.br/bitstream/handle/10183/115184/000955763.pdf?sequence=1. Acesso em 27 jul 2019.

Livros consultados

A Gaia Ciência. Friedrich Nietzsche. São Paulo: Companhia das Letras, 2001.

Além do bem e do mal. Friedrich Nietzsche. São Paulo: Edipro, 2019.

Eu sou dinamite!: A vida de Friedrich Nietzsche. Sue Prideaux. Tradução de Claudio Carina. São Paulo: Editorial Crítica, 2019

Filosofando: introdução à filosofia. Maria de Lúcia Aranha e Maria Helena Martins. São Paulo: Moderna, 1993.

Filosofia como esclarecimento. Bruno Guimarães, Guaracy Araújo e Olímpio Pimenta. Belo Horizonte: Autêntica Editora, 2014.

Humano, demasiado humano. Friedrich Nietzsche. Tradução de Paulo César de Souza. São Paulo: Companhia de Bolso, 2005.

O livro da filosofia. São Paulo: Globo, 2011.

Nietzsche e a filosofia. Gilles Deleuze. São Paulo: N-1 Edições, 2018.

Nietzsche – Folha explica. Osvaldo Giacoia Júnior. São Paulo: Publifolha, 2000.

Nietzsche – vida e obra. Seleção de textos de Gérard Lebrun. São Paulo: Nova Cultural, 1996.

Niilismo. Rossano Pecoraro. Rio de Janeiro: Zahar, 2007.

O pensamento vivo de Nietzsche. Organização de Scarlett Marton. São Paulo: Martin Claret, 1985.

Quando Nietzsche chorou. Irvin D. Yalom. Tradução de Ivo Korytowski. Rio de Janeiro: HarperCollins, 2019.

Segunda edição (outubro/ 2022) · Quinta reimpressão
Papel de miolo Lux cream 70g
Tipografia Colaborate, Cheddar Gothic Sans e Visby
Gráfica Melting